D1150142

Dans la même collection

SAMUEL
DE CHAMPLAIN

Données de catalogage avant publication (Canada)

Lévesque, Denis, 1947-

Samuel de Champlain

ISBN 2-7640-0050-2

1. Champlain, Samuel de, 1567-1635 - Ouvrages pour la jeunesse.
2. Canada - Histoire - Jusqu'à 1663 (Nouvelle-France) - Ouvrages pour la jeunesse. 3. Administrateurs coloniaux - Canada - Biographies - Ouvrages pour la jeunesse. 4. Explorateurs - Canada - Biographies - Ouvrages pour la jeunesse. I. Titre.

FC332.L48 1996   j971-01'13'092   C96-940518-9
F1030.1.L48 1996

LES ÉDITIONS QUEBECOR
7, chemin Bates
Outremont (Québec)
H2V 1A6
Téléphone: (514) 270-1746

Copyright © 1996, Les Éditions Quebecor
Dépôt légal, 2e trimestre 1996

Bibliothèque nationale du Québec
Bibliothèque nationale du Canada
ISBN: 2-7640-0050-2

Éditeur: Jacques Simard
Coordonnatrice à la production: Dianne Rioux
Conception de la page couverture: Bernard Langlois
Illustration de la page couverture: Caroline Merola
Révision: Sylvie Massariol
Correction d'épreuves: Francine St-Jean
Infographie: Composition Monika, Québec
Impression: Imprimerie L'Éclaireur

SAMUEL
DE CHAMPLAIN

Denis Lévesque

Table des matières

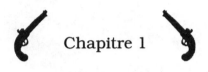

Chapitre 1

De Brouage à l'Acadie

En cette fin du XVIe siècle, Brouage, en Saintonge, est une place forte et un port de mer important de la côte ouest de la France, à courte distance de La Rochelle. Chaque jour, des bateaux français et étrangers viennent y faire escale pour prendre leur cargaison de sel dont la petite ville est l'un des plus importants producteurs du pays.

Tous les gamins du coin profitent de leurs temps libres pour arpenter les quais et admirer ces goélettes impressionnantes. Ils s'amusent à saluer marins et capitaines dont, bien souvent, ils ne comprennent même pas le langage. Parmi ceux-ci, un jeune garçon, Samuel de Champlain, né vers 1570, s'intéresse particulièrement à l'agitation qui règne dans le port. Plus que tout autre, il rêve de prendre la mer et de voguer vers des contrées inconnues dont son père Anthoine, capitaine de la marine, lui a si souvent parlé.

De retour à la maison, il passe des heures à se pencher sur les cartes marines que laisse traîner ici et là son père et s'interroge sur ces incompréhensibles graffitis qu'elles recèlent. Sa mère, Marguerite Le Roy, trouve bien curieux l'intérêt de son jeune fils pour des bouts de papier qu'elle n'a jamais pris la peine de consulter.

Elle préférerait bien que Samuel s'intéresse aux travaux de la terre, à un métier ou à une profession qui assurerait son avenir et qu'il oublie l'idée de suivre les traces de son père, absent une bonne partie de l'année. Ce n'est pas une vie que de courir les mers tandis que sa famille, dans l'inquiétude perpétuelle, ne sait jamais quand il reviendra !

Mais rien ne saurait dissuader le jeune Samuel. Coûte que coûte, il sera cartographe et, qui sait, peut-être sera-t-il le premier à tracer la route de navigation qui permet de joindre la Chine en passant par l'Occident. C'est, à l'époque, le rêve de tous les navigateurs.

Mais le jeune Champlain devra patienter. Au début des années 1590, toujours célibataire, il s'engage dans l'armée du roi Henri IV et accède au grade de maréchal de logis. Son rôle consiste à assurer le logement des militaires à la caserne comme sur les champs de bataille. Il sert son roi avec fidélité pendant quelques années, puis voilà qu'une occasion inespérée se présente.

En 1598, Philippe II, roi d'Espagne, confie à Francisque Colomb le soin d'organiser une expédition pacifique aux Indes occidentales (Antilles), et Samuel a la chance d'être du voyage. Tout au long de ce périple de mois, il tient journal et note, au passage, la position des lieux visités, les productions du pays, les mœurs et les coutumes des habitants. Son capitaine constate chez lui une grande intelligence et un sens scrupuleux de l'observation.

De retour en France en 1601, il obtient une pension à la cour du roi Henri IV et attend patiemment qu'une nouvelle proposition se présente. Elle vient finalement un beau jour de mars 1603 lorsque Aymar de Chaste retient ses services pour accompagner François du Pont-Gravé en Nouvelle-France, à titre de géographe du roi. À cette époque, dans la foulée de Jacques Cartier et de Roberval, seuls quelques marchands de fourrures se risquent en terre hostile pour faire fortune.

La mer est particulièrement calme, mais les deux navires qui forment l'expédition, *La Bonne-Renommée* et *La Françoise*, prennent tout de même deux interminables mois pour faire la traversée. Enfin, le 20 mai, on longe les côtes de l'île Anticosti et, quatre jours plus tard, on accoste à Tadoussac où se tiennent, à cette époque de l'année, les grandes fêtes de la traite.

Pendant trois semaines, les Indiens se la coulent douce. Ils n'en ont que pour les danses et les festins. Les marmites d'orignal, d'ours et de phoque mijotent au-dessus du feu. Observateur attentif, Champlain note dans ses carnets que «les Algonquines dansent nues devant les chefs», ce qui est pour le moins surprenant pour ces Européens qui ne devaient pas, à l'époque, pratiquer le naturisme sur les plages de France!

Mais Samuel ne s'est pas aventuré aussi loin pour d'aussi futiles plaisirs. Accompagné de quelques Montagnais, il pousse une pointe du côté de la rivière Saguenay. Le paysage a quelque chose d'antipathique aux yeux de l'explorateur:

C'est une belle rivière et qui a une profondeur incroyable, mais elle n'est bordée que de montagnes de roches. C'est une terre fort malplaisante où je n'ai point trouvé une lieue de terre plaine tant d'un côté que de l'autre. Enfin, ce sont de vrais déserts inhabitables d'animaux et d'oiseaux.

Les Indiens décrivent au géographe la région plus au nord.

«Il y a, disent-ils, un lac qu'il faut deux jours à traverser. Beaucoup plus au nord, il y a une mer qui est salée.»

Champlain ne se rendra pas jusqu'au lac Saint-Jean, encore moins jusqu'à la baie d'Hudson dont lui parlaient les Amérindiens. Il revient plutôt vers Tadoussac et une nouvelle expédition est organisée, cette fois, pour remonter le Saint-Laurent.

On fait halte à Québec «qui est un détroit de la rivière de Canada et qui a quelque trois cents pas de large». En passant aux Trois-Rivières, Champlain note:

Ce serait, à mon jugement, un lieu propre à habiter et pourrait-on le fortifier proprement, car sa situation est forte en soi et proche d'un grand lac.

Rendus dans la région de Montréal, Du Pont-Gravé et Champlain sont arrêtés dans leur route par les rapides du Sault-Saint-Louis que l'on nomme aujourd'hui rapides de Lachine. Ils questionnent néanmoins les Amérindiens sur le pays plus à l'ouest et plus au nord. D'après la description fournie, Champlain n'hésite pas à affirmer et à écrire que c'est là que se trouve la mer du Sud, celle qui conduit à la Chine! Mais, pour l'instant, il faut faire marche arrière.

Pendant un mois, on descendra le fleuve jusqu'à Gaspé, Percé et l'île Bonaventure avant de revenir à Tadoussac pour entreprendre le voyage de retour vers la France. Pas question de passer l'hiver en Canada! Le 20 septembre, les navires accostent donc à Honfleur, en Normandie. Aymar de Chaste, grand financier de l'expédition, vient de mourir.

Le roi confie alors à Pierre du Gua de Monts une commission le nommant vice-amiral de l'Acadie avec monopole du commerce sur tout le territoire et obligation d'y installer des colons chaque année. Au début de mars 1604, deux navires quittent le port du Havre, également en Normandie, avec, à leur bord, cent vingt personnes qui ont accepté d'aller vivre en Acadie. Champlain, bien sûr, fait partie du voyage à titre de géographe et de cartographe.

Après avoir cherché l'endroit le plus favorable à une installation, on choisit deux petites îles à l'embouchure de la rivière Saint-Jean et on commence la construction des maisons qui abriteront les colons durant ce premier hiver. Soixante-dix-neuf personnes resteront sur place.

La saison froide sera terrible. La pire qu'on puisse imaginer! Dès le 6 octobre, la neige couvre le sol. Le froid est excessif. Et la terrible maladie, le scorbut, fait son apparition: trente-cinq colons en meurent et vingt autres viennent bien près de perdre la vie. On doit se contenter de chair salée et d'une petite quantité de légumes pour toute nourriture. Le froid est tel que toutes les boissons gèlent.

Au cours de l'été 1605, tout ce beau monde déménage à Port-Royal où l'on construit de nouveaux bâtiments, beaucoup plus considérables que ceux de l'emplacement précédent. L'hiver qui suit fait encore douze victimes parmi les quarante-cinq occupants.

Au printemps de 1606, Champlain et Poutrincourt, en compagnie d'un certain Louis Hébert, explorent la côte de la Nouvelle-Angleterre, mais ils rebroussent chemin à peu de distance de ce qui est aujourd'hui Long Island (État de New York), sans soupçonner ni la proximité du port actuel de New York ni les bouches de l'Hudson. Champlain en gardera un peu de mélancolie. Imaginez ce que serait aujourd'hui le Canada si les colons français s'y étaient installés! Le destin en aura décidé autrement.

L'hiver 1606-1607 est l'un des plus doux et des moins meurtriers que la colonie ait eu à affronter.

Le 24 mai, une voile apparaît devant le fort de Port-Royal. Le capitaine, un dénommé Chevalier, est porteur d'une triste lettre de sieur De Monts adressée à Poutrincourt. Sa missive lui annonce que la société de commerce dont il était responsable est rompue et que celle-ci ne peut plus désormais subvenir aux besoins financiers de la colonie. On doit abandonner l'Acadie et rentrer en France.

Chapitre 2

Il faut choisir
le Saint-Laurent

Après l'expérience désastreuse de l'Acadie et la perte des privilèges accordés à De Monts, Champlain profite d'un hiver passé en France pour réfléchir sur son avenir et sur l'avenir de la Nouvelle-France.

Lui qui, en 1603, avait influencé la décision française d'abandonner le Saint-Laurent en faveur de l'Acadie, change son fusil d'épaule et mise sur le fleuve «en un endroit de la rivière de Canada que les Sauvages* nomment Kébec», écrit-il dans ses mémoires. Il rêve de faire fleurir le lis de France le long du grand fleuve et d'y porter en même temps la bonne nouvelle de l'Évangile. Nobles projets, à n'en pas douter!

L'Acadie n'a plus d'attrait à ses yeux pour quatre raisons fort valables: le climat rigoureux, la discorde entre les nations indigènes, l'inaccessibilité à la mer d'Asie toujours recherchée et la proximité des nouveaux établissements anglais en Virginie.

---

*   Étymologiquement, le terme *sauvage* signifie «ce qui ne peut être domestiqué». À l'époque, on employait ce mot pour désigner les Autochtones d'Amérique.

Le sieur De Monts, gentilhomme ordinaire de la Chambre du roi, ne se laisse pourtant pas décourager par la perte de son monopole. Il proteste auprès du roi Henri IV qui lui renouvelle, en janvier 1608, son privilège pour la durée d'une seule année avec le titre de lieutenant-général de la Nouvelle-France.

De Monts fait de Champlain son lieutenant et, ensemble, ils préparent l'expédition. Dès le 17 février, ils procèdent à l'engagement des membres de la troupe. Jean Duval et Antoine Nantel, serruriers, ainsi que Robert Dieu et Antoine Aubry, scieurs de planches, sont les premiers à signer leur contrat. Le lendemain, c'est au tour de Lucas Louriot, de Jean Pernet et d'Antoine Cavalier, tous trois charpentiers, et du jardinier Martin Béguin de les imiter. Dans les jours suivants, Nicolas Duval, Lyevin Lefranc, François Jouan, Marc Bellany, Mathieu Billeteau dit La Taille, Pierre Linot, Jean Loireau, François Bailly, François et Guillaume Morel se joignent à l'équipe.

Ils s'engagent tous à aller demeurer en Nouvelle-France durant deux ans, en échange de quoi on leur versera un salaire dont le montant varie selon les métiers et les professions. De plus, on les nourrira pour la durée de leur contrat.

Deux navires quittent Honfleur en avril. *Le Lévrier*, sous le commandement de François du

Pont-Gravé, prend le large le 5 et, huit jours plus tard, Champlain prend la mer à bord du *Don-de-Dieu*.

Après avoir navigué pendant près de deux mois, Champlain jette l'ancre à Tadoussac mais une surprise l'attend. Du Pont-Gravé l'avait bien devancé, mais son navire est tombé aux mains de contrebandiers basques qui avaient tiré du canon, blessé le commandant et trois de ses hommes, et, finalement, confisqué armes et munitions jusqu'à la fin de la traite. Malgré tout, Champlain refuse d'intervenir. Il opte pour la diplomatie et juge qu'il est préférable que l'affaire se règle plus tard en France. « Voilà une affaire dont nous nous serions bien passés, pense-t-il. Je ne suis pas venu ici me battre contre d'autres Français pour éliminer la concurrence commerciale mais pour établir une colonie ! »

Pendant que les hommes profitent d'un repos bien mérité à Tadoussac, Champlain occupe son temps à explorer le Saguenay qui ne lui avait pas fait bonne impression cinq ans plus tôt. Ses guides amérindiens l'amènent, cette fois, jusqu'aux chutes en aval de Chicoutimi, un nom montagnais qui signifie «jusqu'où c'est profond», où se déversent trois grandes rivières. Il voudrait bien se rendre au-delà, jusqu'à la mer salée dont parlent les Amérindiens, mais ceux-ci préfèrent tenir secrètes leurs routes vers les riches

fourrures. L'expédition revient donc vers Tadoussac.

Le 30 juin, la grande barque contenant tout
ce qui est nécessaire pour commencer la construction de l'*Abitation* est prête à naviguer sur le
Saint-Laurent. Après quatre jours de voyage, on
repère, à Cap-Rouge, un camp autrefois installé
par Jacques Cartier. Il y reste des vestiges de che-
minées et de fossés, de grandes pièces de bois
équarries et vermoulues et quelques balles de canon. Mais on n'est pas encore à destination.

Un peu plus loin, en effet, le fleuve se res-
serre.

– On ne peut trouver un endroit plus com-
mode et mieux situé que cette pointe remplie de
noyers au pied de la falaise! s'exclame Champlain.

C'est Québec! Les Algonquins disaient
Ouabec qui signifie «détroit», tandis que les
Micmacs prononçaient *Kibec* pour dire «fermé,
obstrué».

Aux yeux avisés de Champlain, nul endroit
n'était mieux fait pour devenir l'entrepôt du commerce. D'une part, l'accès à la mer y est facile et,
d'autre part, l'on y a déjà une belle avance pour
les voyages vers l'intérieur du pays. Il sait, pour
y avoir navigué déjà, que le fleuve se laisse re-

monter facilement jusqu'au carrefour d'Hochelaga et, de là, en suivant encore les voies fluviales, il est possible de pénétrer au cœur même du continent. Ce chemin d'eau mènerait peut-être, qui sait, jusqu'en Chine !

De plus, à Québec, le Saint-Laurent est assez resserré pour qu'il soit facile d'en défendre le passage. Enfin, le séjour, même en hiver, ne doit pas y être aussi pénible qu'en Acadie : le froid est moins intense, le climat plus sec et plus sain. Du moins, le croyait-il !

Sitôt arrivé, on se met donc à l'œuvre. Champlain fait abattre des arbres, que des hommes s'affairent à scier en planches pendant que d'autres creusent la cave et les fossés. En peu de temps, les vivres sont à l'abri, ce qui est essentiel, et les fondations de l'*Abitation* sont terminées. Le cartographe se transforme alors en architecte.

On construit une véritable petite forteresse comprenant trois corps de logis. Celui de Champlain est au rez-de-chaussée, tandis que les ouvriers logent à l'étage. La forge et les artisans occupent la section est, alors que l'arsenal et les soldats se retrouvent dans la section nord. Un balcon court autour de l'étage. Enfin, un promenoir long de dix mètres et large de deux mètres isole l'*Abitation*, protégée en outre par un pont-levis. Hors des murs, on aménage les potagers qui fourniront un peu de ravitaillement pour l'hiver qui vient.

Car, il faut bien le dire, Champlain est résolu à passer la saison froide en Nouvelle-France. C'est sa façon à lui de prouver, hors de tout doute, qu'il est possible de survivre en cette terre malgré la rigueur du climat.

Quand vient septembre, Du Pont-Gravé rentre en France avec les deux navires tandis qu'à Québec, ils sont vingt-huit à vivre dans l'*Abitation*. Mais, rapidement, la mort frappe. Dès novembre, la dysenterie enlève un matelot, le serrurier Antoine Nantel et trois autres hommes. Mais ce n'est qu'un début. Au cours de l'hiver, quinze autres vaillants colons meurent: cinq de dysenterie et dix du scorbut. Même le chirurgien Bonnerme ne peut repousser la maladie.

Lorsque, le 5 juin 1609, arrive une chaloupe montée par Claude de Godet des Maretz, il ne reste plus, à Québec, que huit hommes sur les vingt-huit qui devaient y hiverner! Les vingt malheureux reposent au cimetière, en haut de la côte de la Montagne, dans la partie sud actuelle du parc Montmorency.

Le climat des hivers en Acadie, aussi rigoureux fut-il, n'avait pas été plus meurtrier. Malgré tout, Champlain ne changera pas d'idée: c'est bien à Québec qu'il devait asseoir les fondements de la colonie naissante. L'avenir lui donnera raison.

Chapitre 3

Un complot se mijote

Les colons recrutés en France par Pierre Du Gua De Monts pour accompagner Champlain en Nouvelle-France n'étaient pas tous des enfants de chœur, loin de là. Ils n'avaient pas tous l'idéalisme de leur lieutenant, préoccupé par «le service de Dieu et de son roi». Si certains avaient le goût de vivre des aventures qui s'annonçaient emballantes, d'autres, par contre, voulaient plutôt fuir leur condition de vie misérable pour venir tenter fortune dans la traite des fourrures.

Certains avaient des plans encore plus diaboliques. C'était le cas de Jean Duval, serrurier de métier, qui, avant même de quitter son pays, tramait un complot pour assassiner Champlain dès son arrivée en Nouvelle-France, espérant pouvoir ensuite s'enfuir vers l'Espagne pour y vivre une vie de pacha.

Il faut dire que Duval connaît bien le pays et jouit d'une réputation acquise en octobre 1606, à Pointe-Fortuné, en Acadie. Il est le seul survivant d'une attaque de 400 Amérindiens contre 5 jeunes Français, dont lui, qui avaient désobéi aux ordres de Poutrincourt. Une nouvelle désobéissance ne l'inquiète pas. L'occasion est même alléchante. Mais, pour mettre son plan à exécution, il doit d'abord s'associer à quelques camarades qui l'aideraient à exécuter ses basses œuvres.

Sa colère, son ambition, le rêve d'être riche, lui font trouver les mots capables de convaincre ses complices de l'urgence de faire mourir Champlain. Parmi ceux-ci se trouve un autre serrurier, Antoine Nantel, valet de l'explorateur et fidèle à la cause de son maître.

Arrivé à Québec, l'abominable Duval explique son plan.

– D'ici quatre jours, Champlain enverra ses marins à Tadoussac pour ramener d'autres bagages. Nous ne serons plus qu'un petit nombre à l'habitation et le moment sera idéal. On profitera de la nuit pour sonner une fausse alarme. Croyant que les Sauvages attaquent, Champlain surgira de son logis et l'un de nous, abrité dans l'obscurité, déchargera son mousquet. On pourra croire à un accident stupide, et le tour sera joué. D'ici là, si l'un de nous cinq ose parler, je me charge personnellement de lui faire regretter son geste.

Duval est sérieux, à n'en pas douter. Champlain mort, ses assassins pourraient faire main basse sur les provisions et les marchandises apportées de France et s'en servir comme monnaie d'échange auprès des Espagnols de passage à Tadoussac. Cette façon de procéder leur assurerait une place sur les vaisseaux espagnols pour leur retour en Europe.

Mais Duval n'a pas compté sur la fidélité de Nantel. Pris de remords, celui-ci se rend auprès du pilote Le Testu et le met au courant du complot à condition qu'on lui accorde le pardon.

– Mon ami, lui dit-il, vous avez bien fait de me mettre au courant d'un dessein si pernicieux et vous montrez que vous êtes un homme de bien, et conduit du Saint-Esprit. Mais ces choses ne peuvent se passer sans que le sieur de Champlain le sache pour y remédier. Je vous promets de faire tant envers lui qu'il vous pardonnera.

Antoine Nantel s'en retourna alors dans son logis, la conscience en paix. Le Testu, quant à lui, va trouver Champlain qui veille aux travaux du jardin et lui expose la dénonciation.

En colère, Champlain songe à la contre-attaque. Il ordonne à un jeune homme fiable de convoquer les gredins dans sa barque pour le soir même, question de partager quelques bouteilles que ses amis de Tadoussac lui auraient données. Les lascars ne refusent pas une si bonne affaire. Mais ils se trouvent fort surpris quand le maître et ses marins les entourent et les mettent illico en état d'arrestation.

Au petit matin, on les interroge et on leur promet pardon contre des aveux. Champlain, entouré du pilote et des mariniers du vaisseau, décide de les conduire à Tadoussac, le temps qu'on termine la période de traite. Le lendemain de son retour à Québec, qui Champlain ne voit-il pas arriver? Du Pont-Gravé qui ramène les prisonniers.

Devant la déception et la colère de ses hommes qui croient que les prisonniers ont recouvré leur liberté, Champlain les fait traduire devant une cour de justice improvisée réunissant capitaines, lieutenants et mariniers. Les comploteurs persistent dans leur aveu de culpabilité et pointent tous l'infâme Jean Duval.

– Nous avons méchamment fait et mérité punition. Mais c'est Duval qui nous a induits à la trahison dès notre départ de France. Pitié, maître, pitié!

Jean Duval ne sait que dire, sinon d'admettre la vérité et de reconnaître qu'il mérite la mort.

Le jury est impitoyable.

– Vous êtes condamné à la potence et votre tête sera mise au bout d'une pique pour être plantée au lieu le plus éminent de notre fort.

Champlain trouve quand même la sentence fort sévère et met sur pied un autre jury composé, celui-là, du capitaine, du chirurgien, du maître, du contremaître et d'autres mariniers. La condamnation est maintenue pour Jean Duval, à mais les trois autres seront rapatriés en France et remis entre les mains du sieur De Monts pour y subir un autre procès.

Le 8 septembre, Du Pont-Gravé les embarque. Arrivés en France, les coupables comparaissent devant De Monts qui, par pitié, les gracie.

À Québec, la construction se poursuit pendant que se balance, au-dessus de la palissade, la tête du pendu. Duval sert ainsi d'exemple à ceux qui restent. À l'avenir, tous devront se comporter sagement et être fidèles à leur devoir et à leur chef. Que chacun se le tienne pour dit!

Il s'agit là de la deuxième pendaison en Nouvelle-France. Pendant l'hiver de 1543, Roberval avait ordonné celle du voleur Michel Gaillon.

Quant au dénonciateur du complot, le dénommé Antoine Nantel, il ne survivra que deux mois à Duval. Il meurt de dysenterie à l'automne de la même année à force de manger des anguilles mal cuites.

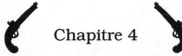 Chapitre 4

Amis ou ennemis

Deux jours après l'arrivée de la barque de Claude de Godet des Maretz, le 5 juin 1609, Champlain se rend à Tadoussac rencontrer Du Pont-Gravé qui n'a pas de très bonnes nouvelles à lui annoncer. De Monts vient de perdre ses privilèges sur la traite des fourrures en Nouvelle-France et lui demande de rentrer en France dès qu'il le pourra.

Résolu d'obéir à son maître, il décide néanmoins de profiter de la belle saison pour pousser plus avant son exploration du pays. D'autant plus qu'il a une mission à respecter: aider les Montagnais à refouler les Iroquois vers le sud de leurs territoires.

Il faut dire que, six ans plus tôt, François Du Pont-Gravé avait amené quelques Amérindiens en France et les avait présentés au roi, qui leur avait promis de les aider à vaincre leurs ennemis. La parole royale n'était pas tombée dans les oreilles de sourds. Le temps était venu pour Champlain d'honorer cette promesse.

Le 18 juin, il remonte le fleuve et, comme à son habitude, baptise quelques rivières dont la rivière Sainte-Anne-de-la-Pérade. Tout près de son embouchure, il rencontre de 200 à 300 Algonquins et Hurons qui se préparent à aller livrer bataille aux Iroquois. S'il connaît bien les Algonquins, c'est toutefois sa première rencontre avec les Hurons, maîtres du commerce des Grands Lacs. Voyant l'avantage qu'il peut en tirer, il s'allie d'instinct avec eux.

Intrigués par ces personnages étranges à leurs yeux, les Hurons demandent à Champlain de leur faire visiter l'*Abitation*. Quitte à retarder quelque peu son avancée vers l'ouest, l'explorateur consent à revenir à Québec où, durant cinq ou six jours, les Indiens fêtent, en danses et en festins, la perspective de leur victoire prochaine contre les Iroquois.

Finalement, le 28 juin, c'est un nouveau départ. Champlain se fait accompagner de onze hommes à bord d'une barque. On traverse le lac Saint-Pierre et on baptise: la rivière Sainte-Suzanne (aujourd'hui rivière du Loup, près de Louiseville), la rivière du Pont (devenue la rivière Nicolet) et la rivière de Gennes (aujourd'hui appelée Yamaska). Puis, on arrive à l'embouchure de la rivière aux Iroquois (devenue la rivière Richelieu) et on fait halte dans les merveilleuses îles sises à son entrée (îles de Sorel).

Après avoir remonté le cours d'eau sur une bonne distance, l'équipée est empêchée d'aller plus loin à cause des rapides qui se trouvent à l'emplacement actuel de la ville de Chambly.

Champlain décide alors de renvoyer la barque vers Québec et de continuer le voyage à bord d'un canot amérindien, accompagné seulement de deux de ses hommes.

Le 12 juillet, les trois Français et leur escorte amérindienne arrivent devant un lac immense. Voilà bien une étendue d'eau qui mérite un nom prestigieux ! Peu modeste, Champlain lui donne son nom.

On vient d'entrer en territoire ennemi et c'est avec la plus grande prudence que l'expédition poursuit son voyage. On navigue lentement et on met près de deux semaines pour atteindre la pointe de Ticondéroga qui relie le lac Champlain au lac Saint-Sacrement (l'actuel lac George). Vers les dix heures du soir, ils font la rencontre de leurs ennemis. Champlain écrira plus tard dans ses mémoires :

> *Eux et nous, nous commençâmes à jeter de grands cris, chacun se parant de ses armes. Nous nous retirâmes vers l'eau et les Iroquois mirent pied à terre et arrangèrent leurs canots les uns contre les autres et commencèrent à abattre du bois avec de méchantes haches.*

Bons princes, les Iroquois envoient deux canots pour connaître les intentions de leurs ennemis. On est résolu à combattre, mais il serait préférable d'attendre au matin. Algonquins et Hurons, d'une part, et Iroquois, d'autre part, sont sur le pied de guerre. La nuit se passe en chants et en danses, question de stimuler les troupes.

Au matin, on est fin prêt pour l'engagement. Les Algonquins et les Hurons se sentent en confiance, puisque leurs trois amis français possèdent chacun une arquebuse. On leur ouvre le passage puis, à courte distance des Iroquois, on laisse Champlain et ses compagnons prendre les devants. On s'observe de part et d'autre.

Quand Champlain se rend compte que les Iroquois s'apprêtent à tirer des flèches, il épaule son arquebuse et vise l'un des trois chefs. Des quatre balles tirées par lui-même et ses compagnons, deux atteignent les chefs et une troisième blesse mortellement un guerrier. Les Iroquois viennent de faire les frais des armes à feu. C'est la déroute.

Mais la principale conséquence de cette escarmouche, c'est que les Français viennent de se faire des ennemis mortels. Pendant près d'un siècle, les Iroquois seront, pour les Français, les empêcheurs de tourner en rond. Les colons, aussi bien que les coureurs des bois et les explorateurs, devront se méfier d'eux. D'autant plus que les

Cinq-Nations iroquoises se sont alliées aux Anglais de la région de la Nouvelle-Amsterdam (aujourd'hui la ville de New York).

Pendant que Champlain explorait le grand lac, à une centaine de kilomètres plus au sud, un certain Henry Hudson pénétrait dans une rivière à laquelle il a aussi donné son nom et qui rejoint le lac Champlain au nord. L'avenir du Canada venait de se jouer.

Après un hiver passé en France, Champlain revient à Québec à la fin d'avril 1610. Le grand chef Batiscan et ses compagnons algonquins l'accueillent avec enthousiasme. On célèbre abondamment. Quelques semaines plus tard, Champlain accompagne de nouveau ses alliés algonquins, montagnais et hurons dans une guerre contre les Iroquois. Il songe de plus à mettre sur pied un conseil pour régler les questions d'intérêt commun entre Indiens et Français.

Le lendemain de la bataille, un certain Étienne Brûlé demande à Champlain la permission d'aller vivre chez les Algonquins pour apprendre leur langue et étudier leurs mœurs. Le commandant le confie à Yroquet qui, en échange, lui confie Savignon, un guerrier, afin qu'il puisse se rendre en France. L'expérience de Brûlé donnera naissance à un nouveau type d'emploi en Nouvelle-France, celui de «truchement» ou d'interprète.

Assuré de l'amitié montagnaise, il peut maintenant compter sur celle des Algonquins. En 1612, il envoie Nicolas de Vignau passer l'hiver à l'île des Allumettes des Kichesipirini, domaine des Algonquins de la Grande-Nation. L'année suivante, Champlain lui-même ira négocier avec Tessouat et le Conseil des anciens et les assurera de son aide.

Il avait, bien sûr, une autre idée derrière la tête. Il faut dire que ces Algonquins disposaient d'un endroit stratégique d'où ils pouvaient contrôler l'accès à la rivière des Outaouais et que Champlain voudrait bien pousser ses explorations vers la mer du Nord, c'est-à-dire vers la baie d'Hudson.

Peine perdue. Les Algonquins ferment la route du nord, mais ils demeurent de loyaux intermédiaires entre les Français et les autres nations de l'intérieur.

En 1615, Champlain décide de se rendre en Huronie. Il va retrouver ses alliés au cœur de leur lointain pays, au lac du clan de l'Ours, Attigouantan, l'actuel lac Huron. Darontal, Ocheteguain, Orani, grands chefs hurons, de même qu'Yroquet, grand chef algonquin, le convainquent d'aller attaquer par surprise les Iroquois. L'aventure se solde par la déroute, et Champlain est blessé à la jambe. Il devra passer l'hiver avec les Hurons, mais il en profite pour étudier leurs mœurs, explorer la région et sceller de nouvelles amitiés avec les Pétuns et les Outaouais.

Champlain forme, dès son retour à Québec, le conseil qu'il avait en tête. Autour du chef montagnais Chomina, désigné président, il réunit un autre Montagnais fidèle, Érouachy, un chef algonquin de Trois-Rivières, Batiscan, ainsi que le chef des Algonquins de la Grande-Nation, l'habile Tessouat. Ce conseil assurera une certaine stabilité dans les relations entre les Français et les Indiens, tout au moins jusqu'à la chute de Québec en 1629.

Signe de cette amitié, Soranhes avait promis, en 1625, au père Nicolas Viel qui vivait en Huronie de confier son fils Amantacha aux Français pour qu'il puisse recevoir d'eux une éducation à la française. L'année suivante, le grand chef mena son fils de seize ans à Québec où il le confia aux bons soins du père Joseph Le Caron.

Émery de Caën le mena en France et, une fois là, monsieur de Ventadour le confia aux jésuites. Il fut baptisé dans la cathédrale de Rouen: son parrain fut le duc de Longueville et sa marraine, madame de Villars. La rumeur d'après laquelle il était le fils du roi du Canada attira une grande foule au baptême. Il resta en France durant deux ans pendant lesquels les jésuites se chargèrent de son éducation.

À son retour en 1628, les Anglais s'emparèrent du navire à bord duquel il se trouvait. Apprenant qu'il était fils d'un roi indigène, les Anglais gardèrent Amantacha et ils retournèrent les autres passagers vers la France. On le mena à Québec en 1629, mais il fut libéré quand les frères Kirke apprirent sa véritable condition. Il rentra alors dans ses terres en Huronie.

Comme nous le verrons plus loin, Champlain devra séjourner en France durant quatre ans mais quand il reviendra en Nouvelle-France, le 23 mai 1633, il retrouvera les Amérindiens au rendez-vous. Dix-huit canots algonquins l'attendront. Il recommencera son travail de pacification.

À Capitanal, chef montagnais, il n'hésitera pas à affirmer:

– Nos garçons se marieront avec vos filles et nous ne formerons qu'un peuple.

Cela fera bien rire son interlocuteur et, cette fois-là tout au moins, il aura vu trop grand!

Chapitre 5

La belle Hélène

Après avoir passé une année et demie en Nouvelle-France, Champlain décide de retourner dans la métropole pour y passer l'hiver de 1609. Avant de partir, il confie la régence de Québec à un bon et vénérable vieillard, le capitaine Pierre Chauvin de La Pierre.

Lorsqu'il arrive en France, Champlain se rend d'abord à Fontainebleau, en banlieue de Paris, pour présenter son rapport à son patron, Pierre Du Gua De Monts. Rapport pas très positif, il va sans dire. Mais l'optimisme de Champlain est indéfectible et il n'a qu'une seule idée en tête : retourner en Nouvelle-France pour continuer son œuvre d'implantation et de colonisation.

Les propos qu'il tient ne tombent pas dans l'oreille d'un sourd et celui-ci, gouverneur de Pons et lieutenant général pour le roi, profite de ses relations personnelles pour permettre à Champlain de rencontrer le roi.

– Le secrétaire de la Chambre du Roi, messire Nicolas Boullé, nous aménage une entrevue. Voyez les détails avec lui ; c'est un fidèle serviteur d'Henri IV. Nous nous sommes connus durant les heures difficiles de la Ligue. Vous êtes catholique, je crois, comme le roi. Messire Boullé est huguenot comme moi.

Ne perdant pas un instant, Champlain se rend à Paris et se présente à la résidence de Nicolas Boullé. Il y rencontre son épouse, Marguerite, et leurs quatre enfants. Hélène et Eustache sont particulièrement attentifs aux récits des aventures de Champlain.

– Un jour peut-être, dans quelques années, vous verrez vous-mêmes cette Nouvelle-France immense et hospitalière.

Prophétie ou simple acte de politesse? L'avenir le dira.

– Séjournez-vous à Paris longtemps? s'enquiert Nicolas Boullé.

– Tout dépendra de la volonté royale. Il faudrait à mon maître, le sieur De Monts, une nouvelle commission avec monopole de traite. Les lourds investissements seraient profitables si nous réussissions à nous organiser à Québec.

– Où est-ce, Québec? demandent Hélène et Eustache.

– Si j'avais mes cartes, je pourrais mieux vous l'expliquer.

– Revenez nous voir, propose Marguerite, et apportez-les. Mon mari et moi serions enchantés.

En compagnie du secrétaire de la Chambre du Roi, Champlain rencontre Henri IV quelques jours plus tard et celui-ci se montre très impressionné par son récit. À la fin, le fondateur de Québec offre une petite surprise à Sa Majesté.

– Avec votre permission, j'aimerais vous remettre cette ceinture que les Montagnais de là-bas ont tissée à la main. Elle est faite de poils de porc-épic. L'ocre et le bleu sont aux couleurs du clan. Puis-je y joindre ces deux tangaras rouges?

Toute la cour est en admiration devant les magnifiques oiseaux incarnats. Tout le monde, le roi le premier, n'a que des louanges. Mais Henri IV demeure inflexible: la traite libre est maintenue.

Quand il apprend la nouvelle, Champlain est atterré mais il n'abandonne pas.

– Je retourne à Québec, fût-ce à mes frais!

Prêt à appareiller à Honfleur en février 1610, il est terrassé par la maladie et doit retarder son départ jusqu'en avril. Un mois plus tard, le roi est assassiné. Champlain est déjà à Québec quand il l'apprend d'un capitaine mandaté par De Monts. Il prend immédiatement le chemin du retour et arrive en France le 27 septembre. Le séjour aura été court.

Il se précipite à Paris où il retrouve la famille Boullé qui s'intéresse encore à ses voyages et même... au voyageur. On s'y intéresse tant que le 29 décembre, on annonce officiellement les fiançailles d'Hélène et de Samuel. Le lendemain, en l'église Saint-Germain l'Auxerrois, le mariage est célébré selon les rites de l'Église catholique.

La mariée n'a que douze ans, alors que Samuel dépasse déjà la trentaine. Il est donc convenu par contrat les unissant que la consommation du mariage «ne se fera et effectuera qu'après deux ans finis et accomplis».

Dans un petit salon parisien, souriante et innocente, Hélène continue à vivre les jeux de l'enfance. Elle apprécie tout particulièrement la poupée aux boucles d'or que son époux lui a offerte le jour de leur mariage. Champlain voit à faire instruire son épouse et souhaite, plus que tout, qu'elle se convertisse à la religion catholique. Ce qu'elle fera au cours de l'année 1613.

Mais la différence d'âge entre eux n'est pas sans causer de sérieux problèmes. Hélène déserte même le foyer conjugal le 4 janvier 1614 et reste introuvable durant plusieurs jours malgré l'intervention de Samuel qui s'est adressé au lieutenant de police.

Il faut bien dire aussi que le mari n'est pas très souvent à la maison. Il est constamment en voyage entre Paris, Rouen et Brouage quand il n'est pas parti pour le Nouveau Monde.

D'ailleurs, à peine trois mois après son mariage, il s'embarque pour Québec où il passe tout l'été. C'est au cours de ce voyage qu'il se rendra sur l'île de Montréal pour y examiner les possibilités d'un nouvel établissement. Il débarque à un endroit qu'il nomme Port-Royal.

– Quel endroit merveilleux ! ne peut-il s'empêcher de répéter.

Mais ce n'est pas le seul site propice à un établissement. L'explorateur remarque, au milieu du fleuve, une île où l'on pourrait bâtir «une bonne et forte ville». Il la nomme Sainte-Hélène, sans doute pour rappeler le souvenir de sa jeune femme demeurée à Paris dont on pourrait croire qu'il s'ennuie.

Ce n'est qu'en 1620 qu'Hélène accompagnera son mari en Nouvelle-France, réalisant ainsi le rêve fait par Champlain lors de leur première rencontre. En arrivant à Tadoussac, elle se jette dans les bras de son frère Eustache qui y vit depuis deux ans. Puis, le couple prend la route de Québec avec les nouveaux colons qui les accompagnent. Hélène s'intéresse aux Amérindiens et fait preuve d'un grand zèle apostolique.

Le couple reste à Québec durant quatre ans. Quand Hélène rentre en France, en 1624, c'est pour de bon.

En 1627, elle prie le père Charles Lalemant de transmettre une lettre à son mari dans laquelle elle demande d'être déliée de ses engagements matrimoniaux. Une demande de divorce! Ils vivent sur deux continents éloignés, et elle exprime le désir d'entrer en religion chez les ursulines. La lettre se perd et Hélène attend vainement une réponse.

Elle retardera finalement sa décision pendant plusieurs années et ce n'est que dix ans après la mort de Samuel, survenue à Québec en décembre 1635, qu'elle prend le voile au couvent du faubourg Saint-Jacques à Paris sous le nom de sœur Hélène de Saint-Augustin. Mais elle s'accommode bien mal de la discipline monastique imposée aux novices. En accord avec ses supérieures, elle s'éloigne du noviciat pour se rendre à Meaux où elle consacre 20 000 livres de sa fortune personnelle à la construction d'un monastère de son ordre. Elle en sera supérieure durant plusieurs années.

Le 20 décembre 1654, dix-neuf ans presque jour pour jour après le décès de son mari, la belle Hélène de Saint-Augustin meurt, dit-on, en odeur de sainteté après une courte maladie.

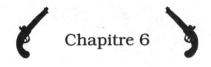

Chapitre 6

Le développement
de la colonie

Trois ans après la fondation officielle de Québec, voilà que la compagnie mise sur pied par De Monts commence à connaître certains problèmes graves. Les associés ne croient plus aux bénéfices qu'on leur avait fait miroiter et songent sérieusement à tout lâcher. De Monts n'a d'autre choix que de racheter leurs parts, question de sauver les meubles. Il devient donc, à la fin de 1611, l'unique propriétaire de l'*Abitation* de Québec. Mais depuis qu'il a perdu ses droits exclusifs, il a bien peu de pouvoirs.

L'année suivante, Champlain reste en France où il s'emploie à chercher le moyen d'assurer la survie de la petite colonie pour le plus grand honneur de la France. Il use de son influence pour rencontrer quelques grands personnages, dont Charles de Bourbon, comte de Soissons.

— Monsieur le comte, lui dit-il, nous avons établi une colonie sur les bords du grand fleuve Saint-Laurent, et elle pourrait être d'une importance capitale pour l'honneur de notre grand pays. Malheureusement, elle est, aujourd'hui, bien mal en point et il faudrait que des gens comme vous s'y intéressent si nous voulons la sauver, avec la grâce de Dieu.

Le comte de Soissons est impressionné et n'hésite pas un seul instant à s'embarquer dans l'aventure. Il est convaincu par les propos de Champlain, mais il relève de l'autorité royale d'avoir les pouvoirs nécessaires pour mener à bien l'œuvre de colonisation. Il conseille donc à son nouvel ami de se présenter devant le roi, le jeune Louis XIII, âgé d'une dizaine d'années seulement, et son Conseil dirigé par sa mère, Marie de Médicis. Sous l'influence de celle-ci, la Nouvelle-France devient alors une vice-royauté et Charles de Bourbon en est nommé lieutenant-général. Mais le sort s'acharne: trois semaines plus tard, le comte meurt.

Heureusement, il y a quelqu'un pour le remplacer: son neveu, Henri de Bourbon, prince de Condé. Champlain devient son lieutenant. Nous sommes le 13 novembre 1612.

Au mois de mars suivant, le fondateur de Québec reprend la mer à Honfleur et il retrouve sa chère colonie un mois plus tard alors que, écrit-il dans son journal, «les arbres commençaient à se revêtir de feuilles et les champs à s'émailler de fleurs».

À l'automne de 1613, le Conseil du roi étend les privilèges de la traite des fourrures avec les

Indiens accordés au prince de Condé à la presque totalité de la Nouvelle-France, soit à partir de Matane et, vers l'ouest, jusqu'aux confins des territoires. Et ce, pour les douze prochaines années. Ainsi pourra-t-on entreprendre une vraie colonisation sur des bases solides.

On constitue donc la Compagnie du Canada regroupant, autour du prince, les marchands de Saint-Malo, de La Rochelle et de Rouen, qui ont toutefois comme obligation de transporter à Québec six familles pour commencer le peuplement de la colonie.

En 1615, les premiers missionnaires font leur apparition dans le paysage de la Nouvelle-France. Ce sont quatre religieux récollets: les pères Denis Jamet, Jean Dolbeau et Joseph Le Caron ainsi que le frère Pacifique Duplessis. La première messe est célébrée à Québec, le 25 juin 1615. Rapidement, les religieux établissent des missions dans le but d'assurer l'évangélisation des Amérindiens.

Champlain voit de plus en plus grand. Il demande au roi les fonds nécessaires pour assurer le développement du nouveau pays. Il requiert, en outre:

> *trois cents familles, chacune composée de quatre personnes, savoir le mari et la femme, fils ou fille, ou serviteur et servante,*

au-dessous de l'âge de vingt ans, savoir les enfants et les serviteurs, pour construire une ville de la grandeur presque de celle de Saint-Denis, laquelle s'appellera, s'il plaît à Dieu et au roi, Ludovica.

Le projet est beau et emballant, mais il faudra néanmoins une quarantaine d'années avant qu'il se réalise. Champlain fait la navette entre Québec et la France presque chaque année, question d'user de son influence auprès du roi.

En 1620, quand il fait la traversée, il est accompagné de sa femme, Hélène Boullé, et de quelques nouveaux colons. Il détient aussi le titre de commandant effectif de l'*Abitation*. Son premier geste, après avoir assisté à la messe solennelle, comme il était de tradition, c'est d'ordonner la remise en ordre des lieux, laissés à l'abandon au cours des dernières années.

Il y pleut de toutes parts, l'air y entre par toutes les jointures, le magasin est sur le point de tomber. Cela ressemble à une maison sur un champ de bataille.

Pour assurer la défense du site, Champlain fait de plus construire un fort sur le Cap-Diamant qui reçoit le nom de Saint-Louis, toujours en l'honneur de son roi. Certains colons développent des terres «sur les hauteurs», d'autres en bordure du fleuve. Il devient donc nécessaire d'aménager un chemin pour relier les deux parties. Voilà, sans doute, l'origine de la Côte-de-la-Montagne!

En 1624, jugeant que l'*Abitation* ne répond plus aux exigences de la colonie, le lieutenant du vice-roi fait construire un nouveau corps de logis. La construction est déjà bien entreprise lorsqu'il quitte Québec pour la France en août. Il y ramène sa femme qui ne reviendra plus en Nouvelle-France. Elle y aura passé quatre années à s'occuper principalement de l'éducation de certains jeunes Amérindiens. Mais il faut croire que l'expérience aura été, pour elle, suffisante.

Champlain, pour sa part, ne reviendra que deux ans plus tard et il sera bien déçu de voir que les ouvriers ont négligé leur travail. En fait, c'est qu'ils sont très occupés, une bonne partie de l'année, à aller faucher le foin nécessaire au bétail à Cap-Tourmente. Champlain décide donc d'ériger une nouvelle habitation à cet endroit et d'y laisser en permanence quelques personnes pour s'occuper des bêtes. Il y fait construire une étable et deux corps de logis.

En 1627, le cardinal de Richelieu qui vient de prendre la direction des affaires en France, crée une nouvelle compagnie comprenant cent associés qui ont, une fois de plus, l'obligation d'installer en Nouvelle-France de 200 à 300 personnes de tous métiers, chaque année.

Les associés travaillent donc à recruter de nouveaux colons. Ils y réussissent assez bien car, le 28 avril 1628, quatre navires ayant à leur bord environ 400 personnes quittent le port de Dieppe à destination de Québec. On y trouve la fine fleur de la jeunesse de Normandie. Claude Roquemont commande *La Magdeleine*, *La Suzanne* et *L'Estourneau*, tandis que Claude de Saint-Étienne de La Tour dirige le quatrième bateau.

Un autre navire de provisions se joint à la flottille que suivent des barques de pêcheurs. À la mi-juin, tous arrivent heureux à l'île Anticosti où l'on élève une croix. Hélas, on ne se rendra pas beaucoup plus loin!

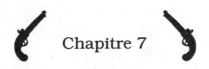

Chapitre 7

Louis Hébert et sa descendance

Orphelin de mère dès l'âge de quatre ans, Louis Hébert est élevé à Paris par sa grande sœur, Charlotte. C'est un élève studieux qui obtient bientôt son diplôme d'apothicaire, une profession très en vue à l'époque. Mais la grande ville ne l'intéresse pas. Il rêve d'un jardin, de quelques arpents de terre et peut-être d'une fermette loin de Paris.

Quelquefois, le baron de Poutrincourt, son oncle, l'invite en Champagne où il retrouve ses huit cousins. Pour la première fois, il entend parler de la Nouvelle-France et, le 13 mai 1606, il décide de partir en compagnie de son oncle et de son cousin Charles de Biencourt de Saint-Just.

Jeune père de famille de trente ans, il confie sa femme, Marie Rollet, et ses enfants, Anne et Marie-Guillemette, à son père et s'embarque à bord du Jonas.

– Si la terre est aussi fertile que le disent mon oncle et monsieur de Champlain, promet-il à sa femme, je reviens en septembre prochain et nous partirons ensemble.

L'attente sera plus longue que prévue. Il passe un premier hiver à Port-Royal et ne revient en France qu'en octobre 1607 après dix-huit mois d'absence. Il y restera plus de trois ans avant de tenter une nouvelle expérience.

Le 26 janvier 1611, il s'embarque à Dieppe, en Normandie, et le navire prendra quatre interminables mois à faire le voyage avant d'atteindre Port-Royal. Au cours de l'été, il accompagne son cousin Biencourt aux terres des Almouchiquois.

L'hiver sera dur. Louis Hébert est chargé de la distribution des aliments et des médicaments. Chaque semaine, les Acadiens reçoivent 280 grammes de pain et 100 grammes de lard avec deux poignées de fèves, de pois et de pruneaux. Sans égard à la langue ou à la couleur de la peau, l'apothicaire soigne Français et Amérindiens.

Au cours de l'été suivant, ont lieu les premières altercations avec les Anglais. Samuel Argall brûle les habitations de l'île Sainte-Croix et de Port-Royal, et Louis Hébert n'a d'autre choix que de rentrer en France où il retrouve avec joie sa petite famille après deux ans d'absence. Son fils Guillaume naît en 1614.

Les Hébert connaissent quatre années parisiennes, mais Louis continue de rêver aux terres lointaines. La visite de Champlain en 1616 ne fait que raviver cette nostalgie. Pourtant, il n'y succombe pas aussitôt.

Quand le marquis de Thémines lui propose le poste d'apothicaire à Québec avec solde de 200 couronnes, le gîte et la nourriture, il décide de vendre sa maison et son jardin et de tenter une nouvelle aventure. On est au printemps 1617.

Mais on lui avait fait miroiter de bien belles promesses. Quand vient le temps de signer son contrat, les marchands de la Société du Canada ne promettent plus que cent couronnes et il doit, de plus, soigner les malades gratuitement.

S'il peut, avec la permission de la compagnie, défricher, labourer et améliorer les terres qu'on lui confie, il ne peut en retirer aucun revenu car le tout, pour deux ans, demeure propriété de la compagnie. Après ce délai, le laboureur ne pourra vendre le produit de son travail agricole qu'à la compagnie.

Puisqu'il a vendu tous ses biens, il n'a d'autre choix que d'accepter l'offre et de s'embarquer.

La colonie s'organise, et Louis Hébert devient vite l'un des principaux artisans du développement. Il se construit une vaste maison de pierres de 10 mètres sur 6 mètres et défriche à la main les terres qui lui sont concédées. Le travail est ardu puisque, il faut bien le dire, la première charrue ne sera importée de France qu'un an après sa mort. Dans les terres les plus hautes, il sème du blé et cultive de nombreuses variétés de légumes : choux, laitues, concombres, pois, fèves ainsi que des melons et des citrouilles. Il réserve même un coin pour un verger avec des pommiers apportés de Normandie. Tout cela assurera certaines denrées dont les colons auront besoin au cours de l'hiver. Sur les bords de la rivière Saint-Charles, il prévoit des pâturages pour faire brouter ses bovins. Bientôt, les sentiers qui réunissaient le logement de Louis au couvent et au fort Saint-Louis se transforment en véritables chemins.

Le contrat de service de Louis Hébert se termine en 1620. Champlain a alors entre les mains les pleins pouvoirs administratifs en Nouvelle-France. Il nomme son ami Louis procureur du roi et responsable de la justice. On lui reconnaît de plus la propriété des terres qu'il a défrichées, ensemencées et plantées jusqu'à ce jour. En 1626, il reçoit d'autres terres en bordure de la rivière Saint-Charles et le titre de seigneur de L'Espernay. Mais il ne peut en profiter. Ayant fait une grave chute sur la glace, en janvier 1626, il est alité pendant une année entière et meurt au début de l'année suivante.

Louis Hébert avait établi d'excellents contacts avec les Amérindiens tout au long de ses séjours, autant en Acadie qu'à Québec. Sur son lit de mort, il n'a que de bons mots à leur égard.

J'ai passé les mers pour venir secourir les Sauvages plutôt que pour aucun autre inté-rêt particulier, et mourrais volontiers pour leur conversion. Je vous supplie de les aimer et assister selon votre pouvoir. Ils sont créa-tures raisonnables comme nous, et peuvent aimer un même Dieu que nous, s'ils en ont connaissance.

En 1629, peu avant l'occupation anglaise, Marie Rollet, sa veuve, épouse Guillaume Hubou et recueille chez elle deux des protégées de Champlain, les petites Amérindiennes Espérance et Charité. Elle mourra à Québec en 1649.

Le 23 novembre 1617, son aînée, Anne, épouse Normand Étienne Jonquest et l'on célèbre ainsi le premier mariage de Français en Nouvelle-France. L'union ne sera pas des plus heureuses, car Anne mourra peu de temps après «en travail d'enfant», disait-on à l'époque pour signifier un accouchement.

À quinze ans, Marie-Guillemette épouse, pour sa part, le 26 août 1621, Guillaume Couillard, qui a le double de son âge. C'est lui qui, véritablement, prendra la succession de Louis Hébert en faisant prospérer les terres qu'il avait commencé à défricher. Il aura droit au titre de seigneur de L'Espernay. De l'union de Marie-Guillemette et de Guillaume naîtront dix enfants qui constitueront la descendance indirecte des Hébert sous les noms de Couillard, Dupuis et Després.

Quant à Guillaume, qui aurait pu assurer une descendance directe à son père, il se marie le 1er octobre 1634 à Hélène Desportes, le premier enfant de parents européens né en Nouvelle-France. En 1639, le seul héritier mâle de Louis meurt, laissant une veuve et trois enfants : Joseph, Françoise et Angélique.

Le 12 octobre 1660, à vingt-quatre ans, Joseph épouse Marie-Charlotte de Poytiers, dix-neuf ans. Elle est enceinte lorsque son mari est capturé par les Iroquois en juin 1661. On apprendra sa mort l'année suivante, poignardé après avoir été torturé, dit-on. Marie-Charlotte a donné naissance à un fils qui meurt en bas âge. Ainsi prend fin, à la troisième génération, la descendance de Louis Hébert.

Ne reste que le souvenir de son acharnement et de sa détermination. Il servira d'exemple aux milliers de colons qui, à sa suite, développeront la Nouvelle-France.

Chapitre 8

Québec aux mains
des Anglais

En 1628, la guerre éclate entre la France et l'Angleterre. Elle s'étend jusqu'en Nouvelle-France lorsque le roi d'Angleterre y envoie une flotille commandée par les frères Kirke pour y déloger les Français.

Le 9 juillet, deux des hommes de Champlain installés à Cap-Tourmente arrivent à pied à Québec et annoncent la nouvelle de l'arrivée de vaisseaux anglais. Champlain délègue alors un émissaire, mais celui-ci revient, à peine une heure plus tard, accompagné d'un certain Foucher qui a réussi à échapper aux mains des ennemis. On apprend alors que les envoyés de Kirke avaient tué presque tout le bétail, incendié les bâtiments et fait prisonniers trois hommes, une femme et une petite fille.

On se met alors à la tâche pour assurer la défense de Québec. On construit des retranchements autour de l'*Abitation* et des remparts devant le fort de la haute-ville.

Le lendemain, vers le milieu de l'après-midi, une barque se pointe sur les rives de la rivière Saint-Charles. Parmi les occupants se trou-

vent Nicolas Pivert, sa femme Marguerite Le-
Sage et leur nièce ainsi que des Basques faits
prisonniers par les Kirke.

L'un des Basques est porteur d'une missive
pour le commandant de l'*Abitation*. On réunit les
principaux habitants de la colonie avant d'en
faire lecture.

*Messieurs, je vous avise comme j'ai obtenu
commission du roi de la Grande-Bretagne,
mon très honoré seigneur et maître, de prendre possession de ce pays, savoir le Canada
et l'Acadie. Pour empêcher que nul navire
ne vienne vous ravitailler, je résous de demeurer ici jusqu'à ce que la saison soit pas-
sée. Voyez ce que vous désirez faire, si vous
désirez me rendre l'Abitation ou non car,
Dieu aidant, tôt ou tard, il faut que je l'aie.
Je désirerais pour vous que ce fût de cour-
toisie que de force, à la seule fin d'éviter le
sang qui pourra être étendu des deux côtés.*

Kirke demande à Champlain de lui envoyer
un homme pour faire connaître sa décision. La
réponse ne tarde pas: pas question de se rendre
aussi facilement. Il laisse d'abord croire à l'Anglais que l'*Abitation* possède tout ce qu'il faut
pour survivre sans ravitaillement extérieur, mais
il ajoute:

Sachant très bien que rendre un fort et une habitation dans l'état où nous sommes maintenant, nous ne serions pas dignes de paraître hommes devant notre roi, que nous ne fussions répréhensibles et mériter un châtiment rigoureux devant Dieu et les hommes, la mort en combattant nous sera honorable. C'est pourquoi je sais que vous estimerez plus notre courage en attendant de pied ferme votre personnage avec vos forces que si lâchement nous abandonnions une chose qui nous est si chère, sans d'abord voir l'effet de vos canons contre une place que je m'assure qu'en la voyant, vous ne la jugerez pas de si facile accès.

La réponse est convaincante et les frères Kirke décident de rebrousser chemin, du moins pour l'instant, et de rentrer en Angleterre. En passant à Tadoussac cependant, ils ont soin de faire brûler toutes les barques françaises, sauf les plus grandes qu'ils emmènent.

Un peu plus loin sur le fleuve, ils croisent les navires qui arrivent de France. L'affrontement a lieu et dure quatorze heures. À la fin, ayant épuisé leurs munitions, les Français doivent se rendre. Les frères Kirke gardent prisonniers Roquemont, quelques Français et les pères missionnaires récollets et jésuites, mais ils autorisent les autres voyageurs à retourner en Europe.

L'hiver sera difficile à Québec! On mise beaucoup sur la récolte de madame Hébert et de sa famille. Mais c'est, en fait, fort peu de chose. Quelques hommes vont s'installer chez les Amérindiens, tandis que ceux qui demeurent à Québec doivent se contenter d'une bien maigre pitance: un peu d'orge, de pois et de maïs par semaine. Au printemps suivant, la situation frise la catastrophe. Par-dessus tout, c'est la condition des femmes et des enfants qui émeut Champlain.

La déploration la plus sensible est de voir quelques pauvres ménages chargés d'enfants qui criaient à la faim après leurs père et mère.

De toute urgence, il faut trouver des vivres et du renfort ou, du moins, renvoyer en France une partie de la population de la colonie.

Le 26 juin 1629, Eustache Boullé, beau-frère de Champlain, quitte Québec à bord de *La Coquine* pour conduire quelques personnes à Gaspé dans l'espoir de leur trouver un passage pour la France. Tout prêt de sa destination, il croise Émery de Caën qui arrive de la métropole avec du ravitaillement et une bonne nouvelle pour la colonie: la paix entre la France et l'Angleterre a été signée le 24 avril précédent.

Cependant, les frères Kirke ne sont pas au courant. Ils avaient quitté Gravesend en mars avant que l'accord fût conclue.

Manitougatché, Montagnais fidèle aux Français, accourt à Québec pour prévenir Champlain du retour en force des navires anglais qu'il a aperçus aux alentours de l'île d'Orléans. L'après-midi du 19 juillet, Lewis et Thomas Kirke entrent en rade à Québec avec un navire de cent tonneaux et dix canons. Ils délèguent un émissaire arborant le traditionnel drapeau blanc et porteur d'une lettre. La missive, adressée à Champlain, demande une nouvelle fois qu'on rende le fort et l'*Abitation*.

> *Vous assurant toutes sortes de courtoisies pour vous et pour les vôtres, comme composition honnête et raisonnable, telle que vous sauriez désirer.*

Champlain n'a d'autre choix, cette fois, que d'accepter la reddition. Il pose cependant un certain nombre de conditions. Il veut un vaisseau pour permettre à ceux qui le voudront de retourner en France avec armes et bagages. Il demande aussi l'autorisation de ramener avec lui les deux petites Amérindiennes qui lui avaient été confiées l'année précédente.

En effet, depuis longtemps, Champlain veut adopter de jeunes Amérindiens pour les faire instruire en France. Mais il doit surmonter l'attachement très fort que les Autochtones ont pour leurs enfants. Or, le 2 février 1628, des Montagnais étaient venus lui offrir trois jeunes filles âgées de onze, douze et quinze ans dans un effort pour renouer l'amitié compromise l'automne précédent par le meurtre de deux Français. Champlain avait accepté ce cadeau et avait renommé les jeunes filles Foi, Espérance et Charité. Toutes trois étaient ravies à l'idée de recevoir une éducation à la française, mais Foi regagna bientôt sa forêt.

Après avoir reçu la lettre de Champlain, les Kirke font connaître leur réponse. Les Français seront ramenés en Angleterre puis en France, mais Champlain n'obtient pas la permission d'amener ses deux protégées. Le lendemain matin, il se rend à bord du *Flibot* rencontrer Lewis Kirke et insiste à tel point que l'Anglais revient sur sa décision.

En cinq jours, tout est réglé. Le drapeau d'Angleterre flotte désormais sur le fort Saint-Louis, et les soldats montent la garde autour des couvents et des logements. Québec est maintenant une colonie anglaise avec Lewis Kirke comme commandant!

Une vingtaine de personnes, pour diverses raisons, décident de demeurer à Québec, alors que les autres se préparent à rentrer en France.

Le 24 juillet, Champlain monte à bord du navire de Thomas Kirke en route vers Tadoussac. Le lendemain, non loin de La Malbaie, on rencontre le navire d'Émery de Caën. Le combat s'engage mais, rapidement, les Français réclament la fin de l'engagement et se rendent.

Arrivés à Tadoussac, les Français sont libres de s'occuper à quelques activités de chasse et de pêche en attendant le départ vers l'Angleterre. Un certain Nicolas Marsolet fait pression auprès de David Kirke pour qu'il retire à Champlain l'autorisation de ramener les deux petites Amérindiennes. Désireux de séduire les jeunes filles, il fait croire que les Montagnais s'opposent à leur départ.

Un soir, Kirke reçoit Champlain, les capitaines de vaisseaux et les deux Montagnaises à souper. Marsolet est aussi à la table. Espérance et Charité en profitent pour s'attaquer à lui. Espérance l'accuse d'avoir trahi les Français, de lui avoir fait des propositions indécentes et de l'empêcher d'aller en France «y apprendre à servir Dieu». Charité en rajoute.

– Si je tenais ton cœur, j'en mangerais plus facilement et de meilleur courage que des viandes qui sont sur cette table.

Marsolet reste tout honteux et ne sait que répondre. Il se contente de dire qu'elles sont folles.

Espérance et Charité seront conduites à Québec où Marie Rollet, veuve de Louis Hébert, s'occupera d'elles. Champlain ne semble pas avoir revu ses filles adoptives: à son retour, en 1633, il n'en parle plus. La forêt avait dû les reprendre.

Enfin, le 14 septembre, l'ordre du départ est donné. Un mois plus tard, les navires jettent l'ancre à Plymouth où l'on apprend la ratification du traité de Suse qui avait mis fin à la guerre au mois d'avril précédent. La capitulation de Québec était donc intervenue en temps de paix.

Champlain se rend à Londres rencontrer monsieur de Châteauneuf, ambassadeur de France, pour lui faire le récit de tout ce qui s'était passé au cours de la dernière année. L'ambassadeur obtient du roi Charles Ier l'espérance d'une remise de la place aux mains des Français. L'affaire traîne en longueur, et Champlain, finit par quitter Londres à destination de Dieppe.

Chapitre 9

Le retour
dans le giron français

De retour à Paris, Champlain se rend auprès du roi Louis XIII et du cardinal de Richelieu plaider la restitution de la colonie à la France. Un messager, porteur d'une lettre du roi, est envoyé en Angleterre. Le roi et son Conseil somment les Anglais de remettre le fort et l'*Abitation* de Québec de même que les ports de la côte acadienne à la France.

On veut bien consentir pour ce qui est de Québec, mais on ne souffle pas un mot en ce qui concerne l'Acadie. Le 12 juin 1631, le roi d'Angleterre écrit à Sir Isaac Wake, son ambassadeur en France, pour préciser les conditions de la restitution afin que celui-ci les négocie avec la France : le paiement de la balance de la dot de la reine Henriette, l'épouse de Charles Ier, la restitution de deux navires pris par les Français depuis la fin de la guerre et l'assurance que les Anglais établis en Nouvelle-France pourront rentrer chez eux sans être embêtés.

Un accord est signé le 29 mars 1632. C'est le traité de Saint-Germain-en-Laye.

On ne perd pas de temps et, dès le 18 avril, un navire est prêt à prendre la mer pour aller reprendre possession de Québec. À son bord, se trouvent Émery De Caën qui vient d'être nommé commandant de la place, trois pères jésuites et une quarantaine d'hommes. La traversée est pénible, et le navire prend deux mois entiers avant d'atteindre Tadoussac.

Trois semaines plus tard, le 5 juillet, on jette l'ancre devant Québec. Dès le lendemain, De Caën présente à Thomas Kirke les lettres des rois de France et d'Angleterre qui somment le capitaine anglais de rendre le fort dans les huit jours. Il n'a d'autre choix que de se plier aux ordres reçus.

Les Français retrouvent leur colonie dans un bien triste état. Plusieurs maisons ont été brûlées ou sérieusement endommagées. Presque tout est à refaire.

Cette année-là, Champlain n'est pas du voyage. Il doit attendre une autre année avant d'être nommé lieutenant de Richelieu. Le 23 mars 1633, il quitte le port de Dieppe accompagné de 200 personnes réparties sur trois vaisseaux: le *Saint-Pierre*, le *Saint-Jean* et le *Don-de-Dieu*. Pas plus chanceux que De Caën l'année précédente, le voyage prend deux mois.

La première tâche du nouveau commandant est de s'assurer que la traite sera bonne et qu'on ne sera pas devancé par les Anglais, dont on a vu des navires à Gaspé et à Tadoussac. Champlain fait donc installer un poste de traite sur une petite île en face de Deschambault auquel on donne le nom de Richelieu.

L'autre tâche urgente est la reconstruction du magasin de Québec et l'installation des colons qui devront passer l'hiver.

À la demande du chef algonquin Capitanal, Champlain songe à créer une nouvelle habitation à Trois-Rivières. Mais, pour le moment, il n'a pas les ressources humaines nécessaires pour le faire. Tout cela devra attendre, au moins jusqu'à l'année suivante.

Pendant ce temps, en France, les dirigeants de la Compagnie de la Nouvelle-France cherchent le moyen de se libérer de leur obligation de peupler la colonie. Ils décident donc de concéder à Robert Giffard, de Mortagne, une lieue de terre [environ quatre kilomètres] *à prendre le long de la côte du fleuve Saint-Laurent, sur une lieue et demie* [environ six kilomètres] *de profondeur, à l'endroit où la rivière, appelée Notre-Dame de Beauport, entre dans ledit fleuve, cette rivière comprise.*

Giffard s'engage, en retour, à céder des portions de cette concession à des colons qu'il aura à recruter. Il fait préparer quatre navires et fait signer des contrats à Jean Guyon du Buisson, à Zacharie Cloutier, à Gaspard et Marin Boucher, à Noël Langlois, à Thomas Giroust et à Jean Juchereau de Maur, entre autres. Tout ce beau monde, avec femmes et enfants, arrivent à Québec le 4 juin. Huit jours plus tard, Marie Regouard, l'épouse de Robert Giffard, accouche d'une fille.

La seigneurie de Giffard sera l'une des plus prospères de la Nouvelle-France. Elle sera agrandie en 1653 et portée à quatre lieues (environ 16 kilomètres) de profondeur. Au recensement de 1666, elle comptera au moins 29 foyers et 184 personnes. Robert Giffard mourra en son manoir de Beauport, le 14 avril 1658.

En 1634, Champlain juge qu'il est maintenant temps de fonder Trois-Rivières. Il en confie la tâche à un dénommé Laviolette, un militaire dont l'histoire n'aura retenu que ce fait d'armes. Il fait construire une palissade à l'intérieur de laquelle on érige quelques maisons qui doivent servir de logements et de magasins.

Jacques Hertel de La Fresnière devient le premier colon de l'endroit. Il s'est fait concéder une terre de 200 arpents (68 hectares) qu'il s'occupe à défricher.

Les pères jésuites Jean de Brébeuf et Antoine Daniel fondent, à l'automne, une mission qui prendra le nom de l'Immaculée-Conception de Marie. Un autre jésuite, le père Jacques Buteux, prendra la relève et demeurera sur place jusqu'en 1652.

Champlain visite l'endroit au cours du mois de juillet et est fort satisfait du travail de ses hommes. Il en profite pour multiplier les rencontres avec les Hurons, les Algonquins et les Montagnais.

Le premier hivernement au poste de Trois-Rivières rappelle ceux du tout début de la colonie. Le scorbut cause plusieurs décès, dont ceux de Jean Guiot, surnommé Négrier, de Pierre Drouet, d'Isaac Le Conte et de Guillaume Née.

À part le scorbut et le froid, la faim devient, elle aussi, une menace. Heureusement, les connaissances des Amérindiens viennent au secours des Français. On leur apprend à pêcher sous la glace et, ainsi, à se procurer du poisson en abondance.

Laviolette demeure commandant de Trois-Rivières jusqu'au 17 avril 1636, après quoi on pense qu'il serait retourné en France. On n'entendit plus jamais parler de lui.

Au cours de l'année 1635, on continue à améliorer les installations de Québec et de Trois-Rivières, on s'occupe de la traite avec les Amérindiens et on découvre de nouveaux territoires.

Malheureusement, au mois d'octobre, la santé de Champlain commence à décliner. À l'âge d'environ soixante-cinq ans, le fondateur de Québec se sent de plus en plus épuisé. La paralysie le frappe et, le 25 décembre, il meurt à Québec après avoir reçu les derniers sacrements des mains du père Charles Lalemant.

On sait que Champlain a été enterré à Québec mais, malgré de nombreuses recherches, on ne découvrira jamais à quel endroit précis.

Un autre jésuite, Paul Le Jeune, prononce l'oraison funèbre où il rend hommage à celui que l'on désigne désormais sous le nom de «père de la Nouvelle-France».

Faits marquants

1570(environ)

Naissance de Samuel de Champlain, à Brouage.

1598

Pour le compte de Philippe II, roi d'Espagne, Champlain se rend aux Indes occidentales (Antilles), en compagnie de Francisque Colomb.

1603

À titre de géographe du roi de France, Champlain visite le Saguenay et descend le Saint-Laurent jusqu'à Montréal.

1604

Premières installations en Acadie. Il y passe l'hiver.

1606

Louis Hébert fait son premier voyage en Acadie.

1608

À titre de lieutenant, Champlain quitte Honfleur (Normandie) en avril. Il arrive à Tadoussac en juin et explore le Saguenay jusqu'à Chicoutimi. Il fonde Québec, début juillet. Il y passe l'hiver en compagnie de 27 hommes, dont 20 mourront de dysenterie ou de scorbut.

1609

Premières rencontres violentes avec les Iroquois. Il reçoit l'ordre de rentrer en France dès la fin de l'été. Il y fait la connaissance d'Hélène Boullé.

1610

De retour en Nouvelle-France, il participe à de nouvelles escarmouches contre les Iroquois. Il épouse Hélène Boullé en décembre.

1613

Hélène Boullé se convertit à la religion catholique.

1615

Champlain se rend jusqu'au lac Huron et passe l'hiver en Huronie. Les premiers récollets arrivent en Nouvelle-France.

1617

Louis Hébert et sa famille s'installent à Québec.

1620

Champlain est nommé commandant de l'*Abitation*. Hélène Boullé accompagne son mari en Nouvelle-France. Elle y restera jusqu'en 1624.

1625

Les premiers jésuites arrivent.

1627

Louis Hébert meurt à Québec.

1628

Les frères Kirke somment Champlain de leur remettre l'*Abitation* et le fort Saint-Louis. Champlain refuse.

1629

Champlain abandonne Québec et retourne en Angleterre, puis en France. Québec est devenue colonie anglaise.

1632

Par le traité de Saint-Germain-en-Laye, la Nouvelle-France est rendue à la France.

1633

Champlain est de retour à Québec.

1634

Robert Giffard s'installe sur ses terres à Beau-port. Laviolette fonde Trois-Rivières.

1635

Champlain meurt à Québec le jour de Noël, à l'âge d'environ soixante-cinq ans.

Bibliographie

Dictionnaire biographique du Canada, tomes 1 et 2, Québec, Les Presses de l'Université Laval, 1966 et 1969.

GROULX, Lionel. *Histoire du Canada français*, tome I, Montréal, Fides, 1960.

LACOURSIÈRE, Jacques et BIZIER, Marie-Hélène. *Nos racines*, Montréal, Éd. Transmo, 1979.

RUTCHÉ et FORGET. *Précis d'histoire du Canada*, Montréal, Éditions Beauchemin, 1937.